材料**2**つ
から!

オーブン
不使用!

もっと!!
魔法の
てぬきおやつ

てぬき料理研究家
てぬキッチン

ワニブックス

はじめに

料理大好き！　でも面倒なことが大嫌い！

こんにちは。てぬき料理研究家の「てぬキッチン」です。

“できるだけ手を抜いて、少ない材料で、

誰でも失敗せずに美味しく作れるレシピ” をコンセプトに

YouTubeでお菓子や料理を発信しています。

『魔法のてぬきおやつ』第1弾を出版させていただいたのはちょうど1年前。

私の作るレシピは、手を抜くことを第一に考えているので

オーソドックスな作り方ではないものが多く、

そんなレシピを皆さまに受け入れていただけるのか、当時は不安もありました。

まさかこんなにも多くの方々にお手に取っていただけるとは思ってもみなかったので、

たくさんの温かいお声をいただいて、

本当にうれしかったですし、同時にほっとしました。

そして大変ありがたいことに、

このたび第2弾を作らせていただくことになりました。

せっかく私の"てぬき"を多くの方々に受け入れていただけたのなら、
もっともっとてぬきに磨きをかけられるように、今持てるすべての力を出し切って、
よりよかったと思っていただけるような一冊にしたい！
そんな気持ちでレシピ開発に取り組みました。
もちろん、てぬきでも味は絶対に美味しくしたいので、何度も改良を重ね、
やっと納得のいくレシピができあがりました！

この本は、特別な日に作るものではなく、日常で取り入れていただけるような、
簡単で手軽で"いつでも作る気になれる"レシピばかりの一冊を目指しました。
手作りおやつはハードルが高く、少し気合いが必要なイメージがありますが、
ここで紹介しているレシピは気合いなんていりません。
むしろ私みたいな面倒くさがり屋の方にお試しいただきたいものばかりです！

ぜひ、てぬきおやつを多くの方々に作っていただき、
「お菓子作りってこんな簡単なんだー！」「これならまた作ろう!!」と
思っていただけたらこの上なく幸せです。

てぬキッチン

人気おやつ BEST7

YouTubeで特に多くの方に作っていただき、「美味しかった」とお声をいただいたおやつはこちら！
どれも自信を持ってオススメできる超絶簡単＆絶品レシピです！

第1位 とろける！ 生チョコクッキー →P.24

材料3つで作れるこのクッキーは、味わいも食感も最高で、てぬきおやつのクオリティではないくらい絶品♪ YouTubeでもかなりの人気で、「美味しすぎて無限に食べられて危険！」と言っていただいた、視聴者さんお墨付きレシピです！ 生チョコとクッキーの中間で、ホロホロととろける食感がクセになります。何から作ろうか迷ったら、ぜひオススメしたい人気No.1です。

第2位 夢のフライパンビッグプリン →P.36

こちらも材料3つだけ！ おうちに常備していることが多い牛乳と卵と砂糖だけで作れます。ビッグな見た目が楽しいだけでなく、美味しさも抜群♪ しっかりめの食感でどこかなつかしい味わいがまさに誰もが好きなプリン。「もう何度もリピートしています！」「初めてプリンが美味しくできました！」というコメントを多数いただいた大人気レシピです。

第3位 そのまま豆乳プリン →P.50

ダイエッター必見の材料2つだけで作れる「豆乳プリン」のレシピ！ カロリーオフの甘みのある豆乳飲料と粉ゼラチンだけでできるので、超お手軽。容器でそのまま作れちゃうのも楽しい♪ 食べ応えもあって満足感もあるので、おやつを食べたいけれどカロリーが気になるときにぜひお試しください。

第4位 とろける！ ホワイト生チョコクッキー

→P.26

こちらは第1位の生チョコクッキーのホワイトチョコバージョン！ ホワイトチョコで作ってもめちゃくちゃ美味しいです♪ くちどけが本当にたまりません。市販のホワイトチョコは内容量40g程度のものが多いので、使い切れるように分量や工程を調整しました！ホワイトチョコ派の方には、ぜひこちらをお試しいただきたいです！

第5位 片栗粉でチョコわらびもち →P.118

わらび粉もチョコレートも不要！ 余りがちなココアと、おうちに常備していることが多い片栗粉と砂糖と牛乳で作れるお手軽レシピ。簡単におうちにあるものでささっとおやつが食べたいときにオススメです！ 「特別な材料を使わず作り方も超簡単なのに、とても美味しかった！」と大好評をいただいたコスパ抜群の和菓子のてぬきレシピです。

第6位 材料2つだけ！ ハートのシュガーパイ

→P.72

材料2つだけで作れる、またまた超お手軽のおやつ！ 冷凍パイシートに砂糖をまぶして焼くことで香ばしくサクサクの食感になり、とっても美味しく仕上がります。おうちで作ると簡単でコスパもよく大量に作れるので、好きなだけ食べられると好評です♪

第7位 ふわふわとろ〜ん♪ チョコレートムース

→P.68

ふわふわで口に入れた瞬間にとろけるチョコレートムース！ 一見難しそうですが、電子レンジを使って超簡単＆時短に。意外にもかなり本格的な仕上がりで、必ずリピートしたくなる美味しさです。濃厚でとろける幸せの食感、ぜひ皆さまにお召し上がりいただきたいです！

CONTENTS

もっと簡単！ もっと時短！

てぬきアイデア10

できるだけ気軽に、手軽に、時間のないときでもおやつを作っていただきたい！
そのために、さらにパワーアップしたてぬきルールはこちらです。

1 特別な道具を使わない!

おやつ作りの道具を揃えるのはけっこう面倒。だから、本書ではシロップを塗るハケをスプーンやキッチンペーパーで代用したり、パイシートをのばす麺棒を菜箸で代用したりと、できるだけ家にある道具で作れるようにしました！

2 型は家にあるもので

「ケーキ型を持っていない！」という方でも今すぐ気軽に作れるよう、ボウルやジップロックコンテナーを型代わりに使っちゃいました！ ボウルで混ぜて、そのまま加熱するレシピは洗い物も少なくなっています♪

3 全レシピ、オーブン不要!

レシピはすべてレンジやトースター、フライパンなどで作れるようにアレンジ！ また、オーブンで作りたい方用のレシピも併記しました。

4 材料は最大で5つ

前回に引き続き、材料2つだけレシピを多数ご紹介！ 多いものでも材料5つまで。めずらしい材料や手に入りにくいものは一切使っていません。

5 砂糖は上白糖、バターは有塩

グラニュー糖や無塩バターをわざわざ買わなくても作れるよう、本書のレシピでは、おうちによくある上白糖、有塩バターを使用しています。

6 ゼラチンはふやかし不要

てぬキッチンのレシピではふやかし不要の「森永クックゼラチン」を使用。すぐ使えるので時短！おやつ作りがラクになるてぬきの強い味方です。

7 粉ふるいがなくてもOK

「ボウルに粉を入れて泡立て器で混ぜる」「ポリ袋に粉を入れて振る」で代用OK！ 空気をふくませるように、混ぜたり、振ったりしてください。

8 ポリ袋レシピで洗い物削減

ポリ袋で材料を混ぜて成形することで、洗い物は計量スプーンだけのレシピも！ あと片づけを頑張る必要がなくなり、ラクチンです！

9 材料の入れ物も使っちゃう

今回も牛乳パックやヨーグルト容器など、材料が入っていた容器を大活用！ 洗い物が減るうえに、見た目も楽しくなります♪

10 揚げ物はフライパンで

本書の揚げるおやつは、すべてフライパンで揚げ焼きします！深さが必要なものは少し傾けて揚げれば、少量の油でOK！

基本の道具

これらの道具があれば、本書のレシピはほぼ作れます。おうちにあるものや100円ショップなどで気軽に手に入るものばかりです♪

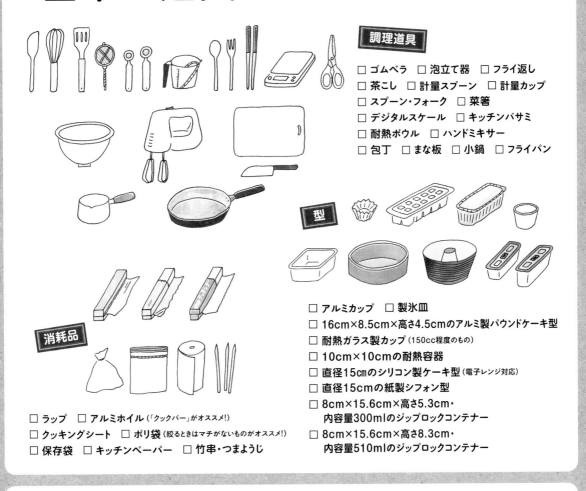

調理道具

- ☐ ゴムベラ　☐ 泡立て器　☐ フライ返し
- ☐ 茶こし　☐ 計量スプーン　☐ 計量カップ
- ☐ スプーン・フォーク　☐ 菜箸
- ☐ デジタルスケール　☐ キッチンバサミ
- ☐ 耐熱ボウル　☐ ハンドミキサー
- ☐ 包丁　☐ まな板　☐ 小鍋　☐ フライパン

型

- ☐ アルミカップ　☐ 製氷皿
- ☐ 16cm×8.5cm×高さ4.5cmのアルミ製パウンドケーキ型
- ☐ 耐熱ガラス製カップ（150cc程度のもの）
- ☐ 10cm×10cmの耐熱容器
- ☐ 直径15cmのシリコン製ケーキ型（電子レンジ対応）
- ☐ 直径15cmの紙製シフォン型
- ☐ 8cm×15.6cm×高さ5.3cm・内容量300mlのジップロックコンテナー
- ☐ 8cm×15.6cm×高さ8.3cm・内容量510mlのジップロックコンテナー

消耗品

- ☐ ラップ　☐ アルミホイル（「クックパー」がオススメ！）
- ☐ クッキングシート　☐ ポリ袋（絞るときはマチがないものがオススメ！）
- ☐ 保存袋　☐ キッチンペーパー　☐ 竹串・つまようじ

保存のしかた

お菓子の保存方法はこちらをチェック！
適切な方法で美味しく保存してください。

水分量が多いものはあまり日持ちしません。生クリームを加熱せずに使用しているものは当日中、
その他のものは2〜3日を目安にお召し上がりください。

スポンジ系のケーキ・パン

熱いうちにラップをしているものはそのまま、していないものはラップで包みます。冷蔵庫に入れると少しかたくなるので涼しい場所で常温保存しましょう。室温が高い場合や夏場、バナナなどのフルーツの入ったものは冷蔵保存してください。数日で食べきれない場合はカットしてから1切れずつラップに包み、密閉容器に入れてなるべくはやく冷凍保存します。パンは解凍後にトースターで温めると美味しくいただけます。

ショートケーキ・チーズケーキ・チョコレート系のケーキ・ドーナツ

ラップで包んだり、密閉容器に入れたりして、冷蔵庫で保存します。空気に触れる面が少ない方が劣化を防げるため、なるべく切らずに保存しましょう。数日で食べきれない場合は冷凍も可能。カットしてから1切れずつラップに包み、密閉容器に入れてなるべくはやく冷凍保存します。ドーナツやパイ菓子は解凍後にトースターで温めると美味しくいただけます。

クッキー・パイ生地の菓子

保存袋などに入れて空気を抜き、常温保存します。しけりやすいものは乾燥剤を入れ、できるだけ密閉状態にしてください。

プリン・ゼリー・ムース・和菓子

乾燥しないようにラップをかけたり、密閉容器に入れたりして、冷蔵庫で保存します。容器に水滴がつかないよう、粗熱をとってから行いましょう。

※適切に調理、保存した場合の目安です。季節や調理状況によってはあてはまらない場合もありますので、様子を見ながら保存してください。

レシピを作る前に

材料

本書に掲載するレシピの材料は最大5つ！
巻末の食材別INDEXを使えば、余っているものなど、使いたい食材からレシピを選ぶことができます。

レシピ名

・ トースターで簡単♪ 焼きプリン

なめらかな舌触りの焼きプリン。バニラエッセンスを入れたり、生クリームトッピングもオススメ！

――――― 材料 2個分 ―――――

A 牛乳…120cc　　卵…1個
砂糖…大さじ2

1
耐熱ボウルにAを入れ、電子レンジで40〜50秒加熱して、混ぜる。

2
別のボウルに卵を割り入れてほぐし、1を少しずつ入れて混ぜる。
Point 卵をほぐすときも1を入れるときも、泡立てないようにそっと混ぜる。

3
耐熱容器に濾しながら半量ずつ流し入れる。

プロセス

すべての工程に写真がついているので、見ながら作れます。

Point

各工程で注意するポイントを記載。

4
トースターの天板に熱湯を入れ、10分ほど湯煎焼きする。粗熱がとれたら冷蔵庫で1〜2時間冷やす。

28

MEMO
温度調整できるトースターの場合は160℃で作ってください。200℃だとすが立ちやすくなってしまいます。

オーブンで作るときは…
3でオーブン対応の容器に濾しながら流し入れ、160℃に予熱したオーブンで9〜10分湯煎焼きする。

オーブンで作るときは…

すべてオーブン不要のレシピになっていますが、オーブンで作りたい方のために、その場合の作り方も記載しています。

MEMO

調理のコツやアレンジ方法、保存方法などが書かれています。

● 材料の表記は1カップ=200cc（200ml）、大さじ1=15cc（15ml）、小さじ1=5cc（5ml）です。
● レシピには目安となる分量や調理時間を表記していますが、食材や調理器具によって個体差がありますので、様子を見ながら加減してください。
● 電子レンジの加熱時間は600Wのものを使用した場合の目安です。500Wの場合は、1.2倍を目安に様子を見ながら加熱時間を加減してください。
● トースターは1300W・200℃のものを使用した場合の目安です。温度設定のできないトースターや、機種ごとの個体差もありますので、様子を見ながら加減してください。
● 炊飯器は5合炊きのものを使用し、普通炊飯をした場合の目安です。機種によってはケーキモードなどがある場合やお菓子作りに適さない場合もあります。
● オーブンは家庭用の電気オーブンを使用した場合の目安です。
● 火加減は、特に指定のない場合は、中火で調理しています。
● 道具はきれいに拭いてから使用してください。水分や油分がついていると生地が分離したり、傷んだりする原因になります。

材料
2つだけ

使う材料はたった2つ！
しかも超簡単！
"めちゃくちゃ手軽に試せるのに、
本格的な美味しさ"とYouTubeでも
大好評をいただいているレシピをご紹介します。
気軽に作れるのに大満足できるおやつです♪

とろ〜り濃厚!
チョコテリーヌ

ショコラトリーのような
本格的な味わいのテリーヌがとっても簡単に完成!
家にある容器で手軽にできるのもうれしい♪

チョコレート…150g　生クリーム…100cc

1

耐熱ボウルにチョコレートを割り入れ、生クリームを加える。

2

電子レンジで1分加熱して、余熱で完全に溶けるまで、ゴムベラで混ぜる。

Point　溶けないときは追加で5～10秒ずつ加熱して混ぜる。一度に長く加熱すると分離するので注意。

3

クッキングシートを敷いたコンテナーに流し入れ、冷蔵庫で4時間ほど冷やし固める。

MEMO

常温に置くと生地がやわらかくなるので、切り分けにくいときは冷凍庫でいったん冷やし固めると扱いやすくなります。温めた包丁を使うと切りやすいです。

Chapter **1** ｜ 材料2つだけ

3種のくちどけ!
フォンダンショコラと
半熟ガトーショコラと
ガトーショコラ

大人気の3種のチョコレートおやつが、同じ材料で、しかもトースターで作れちゃう!
最後の加熱時間&冷やす時間で作りわけできるので、食べ比べしてみて♪

==== **材料** アルミカップ4個分 ====

チョコレート…150g　卵(常温に戻す)…1個

1

耐熱ボウルにチョコレートを割り入れる。

2

電子レンジで1分20〜30秒加熱し、余熱で完全に溶けるまで、泡立て器で混ぜる。

Point　溶けないときは追加で5〜10秒ずつ加熱して混ぜる。一度に長く加熱すると焦げたり、分離するので注意。

3

2に卵を割り入れ、しっかり混ぜる。

4

アルミカップに生地を等分に流し入れてトースターで焼く。3分ほど経ち焼き色がついたら、アルミホイルを被せる。

Point　フォンダンショコラと半熟ガトーショコラは6〜9分が目安。ガトーショコラは13〜18分で焼き時間が短めだとしっとり、長めだとさっくりする。

Chapter **1** | 材料2つだけ

オーブンで作るときは…

4で天板にアルミカップをのせ、180℃に予熱したオーブンで焼く。焼き時間はトースターと同様にする。

MEMO

フォンダンショコラは温かいうちに食べてください。半熟ガトーショコラとガトーショコラは冷蔵庫で1〜2時間冷やし、食べるときは常温に戻すと食感が楽しめます。

15

ふわふわアイスクリームマフィン

アイスクリームを使えば、材料2つで驚きの美味しさに！ あっという間にふんわり、しっとりマフィンの完成です♪

材料 アルミカップ6個分

バニラアイス（「明治エッセル スーパーカップ　超バニラ」を使用）…1個（200ml）
ホットケーキミックス…80g

1

耐熱ボウルにアイスクリームを入れ、電子レンジで1分〜1分30秒加熱する。泡立て器で混ぜて溶かす。

2

別のボウルにホットケーキミックスを入れ、1を少しずつ入れて混ぜる。
Point ダマにならないよう必ず別のボウルで。

3

アルミカップに生地を等分に流し入れてトースターで9〜10分焼く。5分ほど経ち焼き色がついたら、途中でアルミホイルを被せる。

MEMO

甘さ控えめなので、お好みで砂糖を追加してください。

オーブンで作るときは…

3で天板にアルミカップをのせ、180℃に予熱したオーブンで8〜9分焼く。

プリッと食感のカルピスグミ

カルピスはお好みの味でどうぞ♪ 常温に置くとやわらかくなるので、保存は冷蔵庫で！

=== 材 料 製氷皿で8個分 ===

粉ゼラチン…10g カルピス原液（常温のもの）…70cc

1

耐熱容器に水大さじ2（分量外）を入れ、電子レンジで30秒加熱する。熱いうちに粉ゼラチンをふり入れ、泡立て器で手早く混ぜて完全に溶かす。

Point 溶けないときは追加で加熱する。

2

カルピス原液を加えて手早く混ぜる。

3

製氷皿に等分に流し入れ、冷蔵庫で1〜2時間冷やし固める。

MEMO

ゼラチンがすぐに固まり始めるので、工程2〜3は手早く行ってください。取り出すときは、つまようじをひっかけるようにして引っ張ると簡単です。

プリンで作る
スイートポテト

プリンだけでびっくりするほど美味しい!
表面のツヤはカラメルソースを使って表現しました♪

材料 6個分

さつまいも…200g　プリン（「プッチンプリン」を使用）…1個（67g）

1

さつまいもの皮をむき、2〜3cm
角に切る。

2

耐熱ボウルにさつまいもとひたひ
たの水（分量外）を入れ、ふんわ
りとラップをして電子レンジで8
分ほど加熱する。

Point　さつまいもが透き通って、中
が完全にやわらかくなったらOK。

3

水を捨てて粗熱をとったら、ポリ
袋に入れてかたまりがなくなるま
で揉み混ぜる。

4

プリンのカラメル部分は残し、プ
リン部分を少しずつ加えて混ぜ、
好みのなめらかさにする。

Point　すべて入れるとやわらかく
なりすぎるので、様子を見ながら加
える。

5

成形してアルミホイルの上に並べ
る。残しておいたカラメルをスプ
ーンですくって上にのせながら塗
る。

6

トースターで8〜10分焼く。

Point　5分ほどしたところでカラメ
ルを再度塗り直すと色がよりきれい
につく。

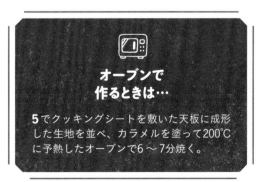

オーブンで
作るときは…

5でクッキングシートを敷いた天板に成形
した生地を並べ、カラメルを塗って200℃
に予熱したオーブンで6〜7分焼く。

お手軽ふわもち！バナナパン

バナナの味が濃厚なお手軽パン。すぐにできて洗い物も少ないので、朝ごはんにもオススメ！

===== 材料 4個分 =====

バナナ…大1本（正味120g）　ホットケーキミックス…75g

1

ポリ袋にバナナを入れ、つぶしながらなめらかになるまで揉み混ぜる。

Point　ポリ袋はマチのないものが絞りやすい。

2

ホットケーキミックスを加え、粉っぽさがなくなるまで揉み混ぜる。

3

ポリ袋の角をキッチンバサミで切ってアルミホイルの上に4等分に絞り出す。

4

トースターで10分ほど焼く。

📺 オーブンで作るときは…

3でクッキングシートを敷いた天板に生地を4等分に絞り出し、180℃に予熱したオーブンで9〜10分焼く。

素朴なもっちりバナナ餅

バナナの優しい甘みが引き立つシンプルおやつ。保存には向かないので、できたてを召し上がれ♪

―― 材料 6個分 ――

バナナ…大1本　片栗粉…大さじ1½

1

ポリ袋にすべての材料を入れてよく揉み混ぜる。

Point ポリ袋はマチのないものが絞りやすい。

2

ポリ袋の角を切り、フッ素樹脂加工のフライパンに6等分に絞り出す。

Point 丸く広げるように絞る。

3

弱中火で2〜3分焼き、裏返して2分ほど焼く。

MEMO

バターをひいて焼くとさらに風味よく仕上がるのでオススメ！フッ素樹脂加工でないフライパンの場合は、必ずバターまたは油をひいて焼いてください。

手作りホットケーキミックス

じつは、ホットケーキミックスは簡単に自作できるんです。
切らしてしまったときはもちろん、市販品の香料が苦手な方にもオススメ！

材料

・50g作るとき
薄力粉…40g
砂糖…8g
ベーキングパウダー…2g
塩…少々

・60g作るとき
薄力粉…48g
砂糖…9.6g
ベーキングパウダー…2.4g
塩…少々

・75g作るとき
薄力粉…60g
砂糖…12g
ベーキングパウダー…3g
塩…少々

・80g作るとき
薄力粉…64g
砂糖…12.8g
ベーキングパウダー…3.2g
塩…少々

・100g作るとき
薄力粉…80g
砂糖…16g
ベーキングパウダー…4g
塩…少々

・150g作るとき
薄力粉…120g
砂糖…24g
ベーキングパウダー…6g
塩…少々

・200g作るとき
薄力粉…160g
砂糖…32g
ベーキングパウダー8g
塩…少々

1 それぞれの材料をポリ袋
に入れて振り混ぜる。

MEMO

ホットケーキを作るときは、150gのホットケーキミックスに対して卵1個と牛乳100ccで作れます。ボウルに卵と牛乳を入れて混ぜ、ポリ袋で作ったホットケーキミックスを入れてさっくりと混ぜて焼いてください。バニラエッセンスを入れると、より市販のホットケーキミックスに近くなります。

材料
3つだけ

YouTube再生回数290万回超の
「生チョコクッキー」をはじめとして、
材料３つだけなのに、おうちで作ったとは
思えない美味しさのレシピばかり！
難しい工程は一切ないので、
ぜひ気軽にチャレンジしてみてください♪

とろける!
生チョコクッキー

しっとり。ホロリ。濃厚なくちどけが美味しい!
生チョコとクッキーのいいとこどりの絶品レシピです。

チョコレート…100g　バター…30g　薄力粉…30g

1

耐熱ボウルにチョコレートを割り入れ、バターを加える。

2

電子レンジで1分ほど加熱して、余熱で完全に溶けるまで、ゴムベラで混ぜる。

Point 溶けないときは追加で5〜10秒ずつ加熱して混ぜる。一度に長く加熱すると分離するので注意。

3

薄力粉をふるい入れ、さっくりと切るように混ぜる。

Point ここでは生地がゆるめでもOK。

4

ラップで包んで棒状に成形し、冷凍庫で15分ほど冷やし、切りやすいかたさにする。

Point 冷凍途中に少し固まってきてから、形を整え直すときれいにできる。

5

8mm幅に切ってアルミホイルの上に並べ、トースターで1〜2分、クッキーが溶けそうになるまで焼く。粗熱がとれたら、冷蔵庫で1時間ほど冷やす。

Point 焼き時間の目安は1分20秒ほど。

MEMO

焼きたてはやわらかいですが、冷やすと固まります。焼きすぎると焼きチョコになってしまうので、様子を見ながら焼き、表面がふつふつして溶けそうになったらストップしてください。

オーブンで作るときは…

5でクッキングシートを敷いた天板に8mm幅に切った生地を並べ、150℃に予熱したオーブンで4〜5分焼く。

とろける！
ホワイト生チョコクッキー

優しい甘さのホワイトチョコバージョン。
市販のホワイトチョコレートを使い切れる分量に調整しているため、
チョコバージョンと加熱や冷やす時間が違うので要チェック♪

=== **材料** 12〜13枚分 ===

ホワイトチョコレート…80g　バター…24g　薄力粉…24g

1

耐熱ボウルにチョコレートを割り入れ、バターを加える。

2

電子レンジで40〜50秒加熱して、余熱で完全に溶けるまで、ゴムベラで混ぜる。

Point　溶けないときは追加で5〜10秒ずつ加熱して混ぜる。一度に長く加熱すると分離するので注意。

3

薄力粉をふるい入れて、ゴムベラでさっくりと切るように混ぜる。

Point　ここでは生地がゆるめでもOK。

4

ラップで包んで棒状に成形し、冷凍庫で13分ほど冷やし、切りやすいかたさにする。

Point　冷凍途中に少し固まってきてから、形を整え直すときれいにできる。

5

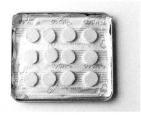

8mm幅に切ってアルミホイルの上に並べ、トースターで1〜2分、クッキーが溶けそうになるまで焼く。粗熱がとれたら、冷蔵庫で1時間ほど冷やす。

Point　焼き時間の目安は1分20秒くらい。

MEMO

焼きたてはやわらかいですが、冷やすと固まります。焼きすぎると焼きチョコになってしまうので、様子を見ながら焼き、表面がふつふつして溶けそうになったらストップしてください。

オーブンで作るときは…

5でクッキングシートを敷いた天板に8mm幅に切った生地を並べ、150℃に予熱したオーブンで4〜5分焼く。

Chapter 2　材料3つだけ

トースターで簡単♪ 焼きプリン

なめらかな舌触りの焼きプリン。バニラエッセンスを入れたり、生クリームトッピングもオススメ！

=== 材 料 2個分 ===

A | 牛乳…120cc　卵…1個
| 砂糖…大さじ2

1
耐熱ボウルに**A**を入れ、電子レンジで40〜50秒加熱して、混ぜる。

2
別のボウルに卵を割り入れてほぐし、**1**を少しずつ入れて混ぜる。

Point 卵をほぐすときも**1**を入れるときも、泡立てないようにそっと混ぜる。

3
耐熱容器に濾しながら半量ずつ流し入れる。

4
トースターの天板に熱湯を入れ、10分ほど湯煎焼きする。粗熱がとれたら冷蔵庫で1〜2時間冷やす。

MEMO 📝
温度調整できるトースターの場合は160℃で作ってください。200℃だとすが立ちやすくなってしまいます。

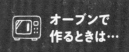 オーブンで作るときは…
3でオーブン対応の容器に濾しながら流し入れ、160℃に予熱したオーブンで9〜10分湯煎焼きする。

レンジで3分! 焼きりんご

あっという間にできるのに、本格的な仕上がり。シナモンをふったり、アイスやクリームチーズを添えても♪

===== 材 料 1人分 =====

りんご…1/2個　**A** | 砂糖…小さじ2〜3
　　　　　　　　　　 | バター…5g

1

りんごの芯をスプーンでくり抜く。

2

耐熱容器に入れ、**A**をのせる。

3

ふんわりとラップをして、電子レンジで3
分〜3分30秒加熱する。

MEMO

りんごの甘さによって砂糖
の量は調整してください。
また、大きさによって加熱
時間も調整してください。

おうちで
ソフトクリーム

ソフトクリームが、なんとおうちで簡単に作れちゃう！
マシュマロを使うことで時短に！ そしてなめらかな仕上がりになります♪

マシュマロ…80g　牛乳…100cc　生クリーム…100cc

1

耐熱ボウルにマシュマロと牛乳50ccを入れて電子レンジで1分加熱し、泡立て器で混ぜて完全に溶かす。

2

残りの牛乳と生クリームを入れて混ぜる。

3

ラップをして冷凍庫で6時間ほど冷やし固める。

Point　完全に固めるのではなく、ハンドミキサーで混ぜることができるように8～9割固める。

4

ハンドミキサーでソフトクリーム状になるまで混ぜる。

Point　飛び散りやすいので最初は低速でゆっくり混ぜる。

MEMO

冷凍庫で冷やし固めすぎた場合は、レンジで少し加熱し混ぜやすいかたさにしてから工程**4**を行ってください。完成後に絞り出したいときは、保存袋や絞り袋に入れ、20～30分ほど再度冷凍庫で冷やすと絞りやすくなります。

途中のかき混ぜ不要! ブルーベリーアイス

材料を袋に入れて冷やすだけ! しかも洗い物は大さじだけの超てぬきアイス♪

=== 材料 2〜3人分 ===

冷凍ブルーベリー…100g　生クリーム…200cc　砂糖…大さじ4½

1

保存袋にすべての材料を入れ、揉み混ぜる。

2

平らにならし、冷凍庫で2〜3時間冷やし固める。

3

なめらかになるまで揉みほぐして、器に盛る。

MEMO

揉みほぐすときに手が冷たい場合は、タオルごしに行ってください。

途中のかき混ぜ不要! はちみつレモンアイス

甘酸っぱくてめちゃ美味しい! アイスは袋におまかせすればいつでもラクラク〜♪

=== 材料 2〜3人分 ===

生クリーム…200cc　はちみつ…大さじ3　レモン汁…大さじ2

1

保存袋にすべての材料を入れ、揉み混ぜる。

2

平らにならし、冷凍庫で2〜3時間冷やし固める。

3

なめらかになるまで揉みほぐして、器に盛る。

MEMO

揉みほぐすときに手が冷たい場合は、タオルごしに行ってください。

ざくざく美味しい！ チョコクランチ

失敗知らずで、コスパも抜群！ 大量生産してプチギフトにするのもオススメです♪

=== 材料 13～15個分 ===

チョコレート…50g	A | ビスケット（「マリー」を使用）…3枚 コーンフレーク（シュガータイプ）…30g

1

耐熱ボウルにチョコレートを割り入れ、電子レンジで40～50秒加熱する。

2

余熱で完全に溶けるまでゴムベラで混ぜる。

Point 溶けないときは追加で5～10秒ずつ加熱して混ぜる。

3

Aを砕いて加え、混ぜる。

4

スプーンでひと口大に成形し、クッキングシートにのせて冷蔵庫で30分ほど冷やす。

Point ぎゅっと固めるように成形する。

どーんと
ビッグなおやつ

一度は食べてみたいビッグサイズのおやつ、大集合！
大きく一気に作るので、小分けにしたり、成形したりする
手間が省けてラクチンです。
大人数で食べても十分満足できる大きさなので、
ぜひご家族皆さんやお友達と集まったときにも♪
でも、美味しすぎてついー人でたくさん食べちゃうかも……。

夢の
フライパン
ビッグプリン

子どもの頃からの憧れ……ドーンと大きなプリン！
おうちにいつもある３つの材料で、
フライパンで超簡単〜♪

═══ **材料** 底が取れない直径15cmのケーキ型1台分 ═══

・カラメル		・プリン液		卵…4個
A	砂糖…60g 水…大さじ2	B	牛乳…450cc 砂糖…70g	

1

フライパンに**A**を入れ、弱中火で4分ほど加熱する。沸騰して好みの焦げ具合になったら型に流し入れ、底全体に広げる。

Point 高温なので火傷に注意。

2

1のフライパンを洗わずにそのまま**B**を入れて中火で加熱する。ゴムベラで混ぜ、砂糖が溶けたら火を止め、粗熱をとる。

Point 沸騰させないよう気を付ける。

3

ボウルに卵を割り入れ泡立て器で優しく溶きほぐす。**2**を少しずつ加えて、その都度混ぜる。

Point **2**の温度が高かったり、一度に入れると卵が固まるので注意。

4

1の型のカラメルが固まったら、**3**を濾しながら流し入れ、アルミホイルを被せる。

5

フライパンに平たい皿を入れ、型の1/3が浸かる量の水を入れて沸騰直前まで熱する。

6

4を入れ、ふたをして極弱火で30〜35分加熱する。粗熱をとって型のまま冷蔵庫で4〜5時間冷やす。

Point フライパンの湯は沸騰させない。

MEMO

お好みでバニラエッセンスを入れても。型から外すときは、シリコン型の場合は竹串で、アルミ型の場合は包丁で、周りを一周してからひっくり返すときれいにできます。

オーブンで作るときは…

5で型を天板にのせ、160℃に予熱したオーブンで25分ほど湯煎焼きする。粗熱をとって型のまま冷蔵庫で4〜5時間冷やす。

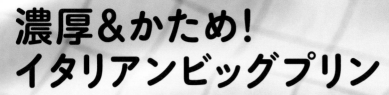

濃厚＆かため！
イタリアンビッグプリン

人気のイタリアンプリンは、クリームチーズ入りで濃厚なのが特徴。
かためで食べ応えも抜群！ 大人数のパーティーなどにもオススメです♪

材料 底が取れない直径15cmのケーキ型1台分

・カラメル	・プリン液	クリームチーズ…100g
A 砂糖…40g 水…大さじ1½	B 牛乳…100cc 砂糖…45g	卵…2個 生クリーム…100cc

1

フライパンにAを入れ、弱中火で4分ほど加熱する。沸騰して好みの焦げ具合になったら型に流し入れ、底全体に広げる。

Point 高温なので火傷に注意。

2

1のフライパンを洗わずにそのままBを入れて中火で加熱する。ゴムベラで混ぜ、砂糖が溶けたら火を止め、粗熱をとる。

Point 沸騰させないよう気を付ける。

3

耐熱ボウルにクリームチーズを入れて電子レンジで20秒加熱し、泡立て器でよく混ぜてやわらかくする。

4

卵を1個ずつ加え、その都度よく混ぜる。

5

2を少しずつ加え、その都度混ぜる。

Point 2の温度が高かったり、一度に入れると卵が固まるので注意。

6

生クリームを加えて混ぜる。

7

1の型のカラメルが固まったら、6を濾しながら流し入れ、アルミホイルを被せる。

8

フライパンに平たい皿を入れ、型の1/3が浸かる量の水を入れて沸騰直前まで熱する。

9

7を入れ、ふたをして極弱火で1時間〜1時間5分加熱する。粗熱をとって型のまま冷蔵庫で4時間ほど冷やす。

Point フライパンの湯は沸騰させない。

オーブンで作るときは…

8で型を天板にのせ、160℃に予熱したオーブンで30分ほど湯煎焼きする。粗熱をとって型のまま冷蔵庫で4時間ほど冷やす。

Chapter 3 どーんとビッグなおやつ

39

P.128に
スポンジを使った
フレンチトーストも！

加熱時間3分！
ボウルショートケーキ

オーブンで作ると時間のかかるスポンジもレンジなら3分で完成♪
材料を混ぜたボウルで加熱するので型も不要。
パサつきを抑えるためのシロップが美味しさのポイント！

MEMO

シロップの量は目安です。
シロップを染み込ませる
ことでしっとりとしたス
ポンジになるので、生地
の中心部やかたい部分に
多めにかけるようにして
ください。

・スポンジ	・シロップ	・デコレーション
A 卵…2個 砂糖…50g	B 砂糖…大さじ3 水…大さじ6	いちご…6〜7個
ホットケーキミックス…75g		C 生クリーム…200cc 砂糖…大さじ2

1

耐熱ボウルにAを入れ、ハンドミキサーで生地をすくって落とすとリボン状になるまで混ぜる。

2

ホットケーキミックスをふるい入れ、ゴムベラでさっくりと切るように混ぜる。

3

ボウルの内側をゴムベラできれいにし、ふんわりとラップをして電子レンジで3分加熱する。

Point 生地がたくなるので加熱は3分まで。表面が生の場合は切り取る。

4

すぐにゴムベラを差し込んでスポンジをボウルから取り出し、熱いうちにラップでぴったりと包んで冷ます。

5

耐熱容器にBを入れ、電子レンジで40秒加熱して混ぜて溶かし、冷凍庫で10分ほど冷ます。いちご3個は薄切りにする。

6

ボウルにCを入れ、ハンドミキサーでデコレーションしやすいかたさに泡立てる。

7

冷めたスポンジを厚みが半分になるよう切る。

Point つまようじで目安をつけると切りやすい。

8

下段のスポンジに5のシロップ大さじ3を中心部多めにスプーンでかけて染み込ませる。

9

生クリーム適量をスプーンで塗って5のいちごを並べ、さらに生クリームを塗る。

10

上段のスポンジの裏面に5のシロップ大さじ3を中心部多めにスプーンでかけて染み込ませ、9にのせる。

11

中心部にシロップ大さじ1をかけて染み込ませる。

12

全体を残りの生クリームでデコレーションし、残りのいちごを飾る。

Chapter 3

どーんとビッグなおやつ

41

バターの風味の
ビッグトースターサブレ

大きく作って焼けば成形する手間が省けてラクチン！
サクサクと軽い食感で美味しすぎて手が止まらない♪

A | バター…20g 卵黄…1個
| 砂糖…大さじ2 ホットケーキミックス…60g

1

ポリ袋に**A**を入れ、なめらかになるまでよくすり混ぜる。

2

卵黄を入れ、さらにすり混ぜる。

3

ホットケーキミックスを入れ、粉っぽさがなくなるまで揉み混ぜる。

4

ポリ袋の角を大きめに切り、油(分量外)を塗ったアルミホイルの上に生地を絞り出す。ラップを被せて手で押し広げ、平たい円形にする。

5

トースターで10分ほど焼く。3分ほど経ち焼き色がついたら、途中でアルミホイルを被せる。

6

切り分けたい場合は熱いうちに切り分け、網の上で冷ます。

Point できたてはやわらかいけれど、冷めるとサクサクになる。

Chapter **3** どーんとビッグなおやつ

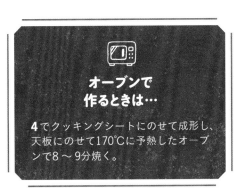

**オーブンで
作るときは…**

4でクッキングシートにのせて成形し、天板にのせて170℃に予熱したオーブンで8〜9分焼く。

しっとり美味しいビッグどら焼き

大興奮のフライパンサイズ!! 切り分けて食べても、かぶりついても。思う存分召し上がれ♪

材料 直径26㎝のフライパン1台分

A	卵…2個	ホットケーキミックス…150g
	はちみつ…大さじ4	粒あん…400g
	水…80cc	

1 ボウルに**A**を入れ、泡立て器で混ぜる。

2 ホットケーキミックスを入れ、さらに混ぜる。

3 フライパンを中火で熱し、油（分量外）をキッチンペーパーで薄く塗る。弱火にして**2**の半量を入れ、小さな泡がでるまで5分ほど焼く。

4 裏返して30秒ほど焼いて取り出す。もう1枚も同様に焼く。

Point フライ返しとゴムベラで裏返す。

5 熱いうちに濡らしたキッチンペーパーで全体を包み、さらにラップでぴったりと包んで冷ます。

6 粒あんをはさむ。

容器のまま
作っちゃう

前回も大人気だった「容器そのまま」シリーズに
新作が登場しました！
美味しいのはもちろんですが、
パッケージそのままの見た目もインパクトありなので、
ぜひパーティーやイベントでもお試しいただきたいです♪
皆さんで楽しくお召し上がりください！

そのまま牛乳パック
キャラメルプリン

キャラメルの甘さとほろ苦さのバランスが絶妙。
牛乳パックごとお皿に出せば、盛り上がること間違いなし!

材料 牛乳1Lパック1本分

| 牛乳…900cc | A | 砂糖…120g
水…大さじ2 | B | 砂糖…40g
粉ゼラチン…20g |

1

2

使用する牛乳900ccの
…を入れ、電子レンジで
…熱する。

3

フライパンに**A**を入れ、弱中火で
6～7分ほど加熱する。沸騰して好
みの焦げ具合になったら火を消す。

…入れたら、**B**を入れて
…て完全に溶かす。

…ないときは弱火にかけ
…て溶かす。

6

残りの牛乳500ccが入っている牛
乳パックに**5**を流し入れる。

Point　入れにくい場合は注ぎ口の
ある容器に移し替える。

開け口を手でしっかり押さえ、全
体が混ざるように振り、冷蔵庫で
5～6時間冷やし固める。

MEMO

パックから取り出しやすいよ
うにかための仕上がりになっ
ています。ゼラチンの量はお
好みで調整してください。

そのまま
ヨーグルトチーズケーキ

ヨーグルトのさわやかさとチーズのクリーミーさが絶品！
濃厚なミルキー感の秘密は練乳です♪

=== **材料** ヨーグルトパック(400g)1個分 ===

プレーンヨーグルト(常温に戻す。「明治ブルガリアヨーグルト」を使用)…250g
クリームチーズ(常温に戻す)…200g
練乳(常温に戻す)…大さじ8　水…大さじ2　粉ゼラチン…8g

1

ヨーグルトが未開封の場合は150gを取り出し、使用する250gだけが入っている状態にする。

2

ボウルにクリームチーズを入れ、泡立て器で混ぜてやわらかくする。

Point　混ぜにくいときは、電子レンジで10〜20秒加熱する。

3

使用するヨーグルト250gを少しずつ加え、ダマにならないようにその都度よく混ぜる。

4

練乳を加えて混ぜる。

5

耐熱容器に水を入れ、電子レンジで30秒ほど加熱する。熱いうちに粉ゼラチンをふり入れ、手早く混ぜて完全に溶かす。

Point　溶けないときは追加で5〜10秒ずつ加熱して混ぜる。

6

4に5を入れ、手早く混ぜる。

7

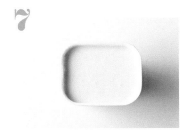

ヨーグルトの容器に戻し入れ、冷蔵庫で4時間ほど冷やし固める。

MEMO

クリームチーズ、ヨーグルト、練乳は必ず常温に戻してから使ってください。取り出すときは、周りをホットタオルで温めてひっくり返し、容器の底を切って空気を入れるときれいに取り出せます。

そのまま豆乳プリン

豆乳飲料の美味しさをそのままプリンに！甘さのバランスがちょうどいいマルサンを使っています♪

===== 材料 豆乳飲料200ccパック1本分 =====

豆乳飲料（「マルサン　豆乳飲料　カロリー50％オフ」を使用)…200cc
粉ゼラチン…4g

1

パックから豆乳飲料100ccを取り出し、耐熱容器に入れる。電子レンジで1分10〜20秒加熱し、熱いうちに粉ゼラチンをふり入れ、手早く混ぜて完全に溶かす。

Point　溶けないときは追加で5〜10秒ずつ加熱して混ぜる。

2

1をパックに戻す。開け口を手でしっかり押さえ、全体が混ざるように振り、冷蔵庫で2〜3時間冷やし固める。

Point　パックに戻すときは火傷に注意。

MEMO

甘さ控えめなのでお好みで砂糖小さじ1〜2を追加してください。

そのままペットボトル炭酸ゼリー

シュワッと感が楽しいふるふるゼリー。そのまま飲んでも、器に入れても、アイスをのせてゼリーフロートにしても！

―――― 材 料 炭酸飲料500mlペットボトル1本分 ――――

炭酸飲料(常温に戻す。「カルピスソーダ」を使用)…470ml
粉ゼラチン…5g

1 炭酸飲料が未開封の場合は大さじ2を取り出し、使用する残りの分だけが入っている状態にする。

2 耐熱容器に使用する炭酸飲料のうち大さじ3を入れ、電子レンジで30秒ほど加熱する。熱いうちに粉ゼラチンをふり入れ、手早く混ぜて完全に溶かす。

Point 注ぎ口のある耐熱容器だと注ぎやすい。

3 2を40℃くらいに冷ましたら、ペットボトルを斜めにして少しずつ優しく注ぎ、急いでふたをする。

4 泡立てないように優しく上下を返して混ぜ、冷蔵庫に縦置きして3〜4時間冷やし固める。

Point 吹き出し防止のため、ふたはしっかりと閉める。

MEMO

吹き出しやもれを防止するために、「炭酸飲料は常温に戻す」「2を40℃くらいに冷ましてから入れる」「混ぜるときは優しく」「ふたをしっかり閉めて縦置きで冷蔵」の4点に注意してください。

51

ポリ袋で作るてぬきドリンク

バニラフラッペ

バニラが甘く香るミルキーなフラッペ。
お好みでホイップクリームをトッピングしてください♪

=== 材料 1～2人分 ===

牛乳…250cc　砂糖…大さじ2
バニラエッセンス…数滴

1

ポリ袋にすべての材料を入れ、混ぜる。

2

ポリ袋の口を結んで平たい状態にし、冷凍庫に入れて1時間～1時間30分冷やし固める。

3

好みのかたさになるまで揉み混ぜ、カップに絞り出す。

MEMO

揉み混ぜるときに手が冷たい場合は、タオルごしに行ってください。

袋に入れて冷やすだけであのカフェの味が簡単に楽しめる♪
ポリ袋は大きめのサイズを使うとこぼれにくく、冷凍する際にも平らに広がって早く固まります。

ダークモカチップ クリームフラッペ

つぶつぶチョコが美味しい！ ホイップクリームと
ココアパウダートッピングがオススメです。

材料 1〜2人分

チョコレート…25g	
牛乳…250cc	**A** 砂糖…大さじ2
ココアパウダー	バニラエッセンス
…大さじ1½	…数滴

1

チョコレートを包丁で細かく刻む。

2

ポリ袋に牛乳大さじ2とココアパウダーを入れて、袋の外から揉み混ぜる。
Point ココアが溶けにくいためしっかり混ぜる。

3

残りの牛乳と**A**を加え、よく混ぜる。さらに**1**も加え、軽く混ぜる。

4

ポリ袋の口を結んで平たい状態にし、冷凍庫に入れて1時間〜1時間30分冷やし固める。

5

好みのかたさになるまで揉み混ぜ、カップに絞り出す。

MEMO

揉み混ぜるときに手が冷たい場合は、タオルごしに行ってください。

53

バナナフラッペ

バナナとミルクの王道フラッペも
ミキサーなしで作ります！ ホイップクリームと
チョコソーストッピングが相性抜群。

==== 材料 1〜2人分 ====

バナナ…中1本
牛乳…250cc
砂糖…大さじ1〜2

1 ポリ袋にバナナを入れ、つぶしながら
なめらかになるまで揉み混ぜる。

2 牛乳と砂糖を入れ、さらによく揉み混
ぜる。

3 ポリ袋の口を結んで平たい状態にし、
冷凍庫に入れて1時間〜1時間30分冷
やし固める。

4 好みのかたさになるまで揉み混ぜ、カ
ップに絞り出す。
Point 手が冷たいときはタオルごしに
行う。

Chapter

5

世界一簡単な
定番おやつ

シンプルだけど、みんなが大好きな
定番おやつをもっと簡単に、
もっと美味しく楽しんでいただきたい！
レンジで作る「シフォンケーキ」や
卵焼き器で作る「バウムクーヘン」など、
てぬきアイデアがたくさん詰まった章です。

ふわふわ
レンジ
シフォンケーキ

レンジなら加熱時間2分30秒で超時短！
メレンゲをつぶさず優しく混ぜることで
きめ細かな生地に仕上がります。

=== **材料** 直径15cmの紙製シフォン型1台分 ===

卵（卵黄と卵白に分ける）…2個　　　　　油…大さじ1
砂糖…大さじ6　　　　　　　　　　A　牛乳…大さじ2
　　　　　　　　　　　　　　　　　　ホットケーキミックス…50g

1

ボウルに卵白を入れてハンドミキ
サーで軽く混ぜ、砂糖を大さじ1
ずつ3回に分けて加え、その都度
混ぜてツノが立ったかたいメレン
ゲを作る。

2

別のボウルに卵黄を入れ、残りの
砂糖大さじ3を加えてハンドミキ
サーで白っぽくなるまで混ぜる。

3

Aを加えて混ぜ、ホットケーキミ
ックスを入れて混ぜる。

4

3に**1**の1/3量を加えてよく混ぜる。

Point　メレンゲの泡が多少つぶれ
てもいいのでしっかり混ぜる。

5

残りの**1**を加え、ゴムベラでさっ
くりと混ぜる。

Point　メレンゲがつぶれないよう
に下から大きく混ぜる。

6

シフォン型に流し入れ、ふんわり
とラップをして電子レンジで2分
30秒加熱する。

Point　表面が生の場合は追加で10
秒ずつ加熱する。

7

すぐに裏返し、型のまま瓶などに
さして粗熱をとる。

Chapter 5 世界一簡単な定番おやつ

57

もっちり生地のシュガーバタークレープ

トッピングはバターと砂糖だけなのに想像を超える美味しさ♪ ダマにならないよう、牛乳は少量ずつ入れて。

材料 4枚分

・生地		A	卵…1個	・焼く＆トッピング
バター…10g	薄力粉…50g		砂糖…大さじ1	バター…5g×4　砂糖…小さじ1〜2×4
			牛乳…100cc	

1

耐熱ボウルにバター10gを入れ、電子レンジで20〜30秒加熱して溶かす。薄力粉をふるい入れ、**A**を加える。

2

牛乳を少しずつ入れ、その都度泡立て器でよく混ぜる。

3

フライパンを中火で熱し、バター2.5gをひく。弱中火にし、**2**の1/4量を流し入れて1分30秒ほど焼き、フチが固まったら裏返す。

4

30秒ほど焼き、バター2.5gを塗る。

5

砂糖小さじ1〜2をふりかける。

Point　砂糖の量は好みで調整する。

6

半分に折り、さらに三角形に折り畳む。同様に計4枚焼く。

くるくるハニーバウムクーヘン

卵焼きのように、バウムクーヘンを作ってみました。お好みで生地にバニラエッセンスを入れると風味がよくなります♪

=== 材料 6個分 ===

A │ 牛乳…100cc
│ 卵…2個
│ はちみつ…大さじ4

ホットケーキミックス…150g
バター…40g

1

ボウルに**A**を入れ、泡立て器でよく混ぜる。

2

ホットケーキミックスを加えて、さらに混ぜる。

3

耐熱容器にバターを入れて電子レンジで30〜40秒加熱して溶かし、**2**に加えて混ぜる。

4

卵焼き器を中火で熱し、バター（分量外）をキッチンペーパーで薄く塗る。極弱火〜弱火にして**3**をお玉1杯弱入れて広げる。

5

小さな泡が出てきたらフライ返しで手前に巻いて、奥に押し戻す。**3**をお玉1杯弱入れて広げ、生地を持ち上げて下にも流す。

6

途中で様子を見てバター（分量外）をたまに塗りながら、**3**がなくなるまで**5**の工程を繰り返す。

ポリ袋で簡単！
さつまいもモンブラン

栗よりもお手軽なさつまいもで作るモンブラン。
絞り袋も口金も不要でポリ袋でできちゃうのがうれしい♪

=== **材料** 2個分 ===

さつまいも…100g	A	生クリーム…50cc 砂糖…大さじ1/2	B	生クリーム…50cc 砂糖…大さじ2	カステラ…2切れ

1

さつまいもの皮をむき、2〜3cm角に切る。

2

耐熱ボウルにさつまいもとひたひたの水（分量外）を入れ、ふんわりとラップをして電子レンジで5分加熱する。水を切り、粗熱をとる。

3

別のボウルに**A**を入れ、ハンドミキサーで8分立てにする。

4

ポリ袋に**2**を入れ、手でつぶしながら塊がなくなるまで揉み混ぜる。

Point ポリ袋はマチのないものが絞りやすい。

5

別のボウルに**4**と**B**を入れ、ハンドミキサーで泡立て、ポリ袋に戻し入れる。

Point 絞り出せるかたさが目安。

6

容器にカステラをひと口大に切って敷きつめる。

7

3の生クリームをのせ、**5**のさつまいもクリームを絞り出し、冷蔵庫で1時間ほど冷やす。

MEMO

さつまいもの甘さによって工程**5**の砂糖の量は調整してください。さつまいもクリームはやや太めがきれいに絞り出せます。

Chapter **5** 世界一簡単な定番おやつ

さくさくクランブルのレアチーズケーキ

ゼラチンなしの超なめらかでとろけるレアチーズ♪ クッキー生地は下に敷かず、レンジで簡単クランブルに!

=== 材料 2個分 ===

・チーズ生地　クリームチーズ…100g　・クッキー生地　バター…15g
砂糖…大さじ2　生クリーム…120cc　クッキー(「チョイス」を使用)…4枚　砂糖…大さじ1/2

1

チーズ生地を作る。耐熱ボウルにクリームチーズを入れ電子レンジで20〜30秒加熱し、やわらかくする。

2

砂糖を入れ、生クリームを少しずつ加えながら、その都度ハンドミキサーで混ぜて8〜9分立てにする。

3

容器に半量ずつ流し入れ、1時間ほど冷やす。

4

クッキー生地を作る。耐熱容器にバターを入れて電子レンジで20〜30秒加熱して溶かし、粗めに砕いたクッキー、砂糖を加えて混ぜ、冷蔵庫で冷やす。

5

食べる直前に3に4をのせる。

MEMO

工程3で半日〜1日くらい冷やすと少しかためになって、それもまた美味しいです! 冷やす時間はお好みで調整してください♪

世界一簡単な
人気おやつ

今人気の「台湾カステラ」も「いちごあめ」も
てぬキッチンレシピなら、
まるでお店で買ってきたかのような仕上がりに♪
手の込んだ難しそうな人気おやつも
Pointをチェックしながら作っていただければ、
大成功間違いなし！

ふるふる食感の
台湾カステラ

ふわっふわで、ふるふるで、しゅわしゅわ♪
炊飯器におまかせすれば、失敗知らず!

油…50cc	卵(卵白と卵黄を分けておく)…4個
薄力粉…70g	砂糖…90g
牛乳…60cc	

1

耐熱ボウルに油を入れ、電子レンジで30秒加熱する。

Point 油はサラダ油がオススメ。

2

薄力粉をふるい入れ、泡立て器で混ぜる。

3

耐熱容器に牛乳を入れ、電子レンジで30秒加熱し、**2**に加えてよく混ぜる。

4

卵黄を1個ずつ加え、その都度混ぜる。

5

別のボウルに卵白を入れてハンドミキサーで軽く混ぜ、砂糖を3回に分けて加え、その都度混ぜてメレンゲを作る。

Point 持ち上げると、ツノが立って優しく倒れる程度のかたさに。

6

4に**5**を少量加えて泡立て器でよく混ぜる。

Point メレンゲの泡が多少つぶれてもいいのでしっかり混ぜる。

7

残りの**5**を加え、ゴムベラでさっくりと混ぜる。

Point メレンゲがつぶれないように下から大きく混ぜる。

8

炊飯器の内釜にクッキングシートを敷き、**7**を流し入れ、通常通り1〜2回炊飯をする。触れる熱さになったらクッキングシートごと取り出す。

Point クッキングシートは内釜から出ないようにする。竹串を刺し、生地がついてくるなら追加炊飯を。

オーブンで作るときは…

半量で作る。**1**と**3**の加熱時間はそれぞれ20秒にし、**8**でクッキングシートを敷いた18cmのパウンドケーキ型に生地を流し入れる。150℃に予熱したオーブンで30分ほど湯煎焼きする。表面の割れを防ぐため、湯の温度は50℃〜60℃にする。

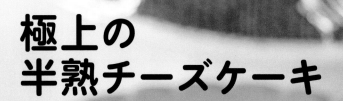

極上の
半熟チーズケーキ

チーズケーキ好きに食べてほしい、とろ〜り食感。
焼き時間で食感が微妙に変わるので、好みを見つけて！

材料
16cm×8.5cm×高さ4.5cmの
アルミ製パウンドケーキ型2台分

クリームチーズ…200g　　卵…2個
砂糖…80g　　　　　　　生クリーム…200cc
薄力粉…大さじ1

1 耐熱ボウルにクリームチーズを入れ、電子レンジで30～40秒加熱してやわらかくする。

2 砂糖を加え、泡立て器でよく混ぜる。

3 薄力粉を加え、ダマがなくなるまで混ぜる。

4 卵を1個ずつ加え、その都度混ぜる。

5 生クリームを加えて混ぜる。

6 型に生地を半量ずつ流し入れ、トースターで25～30分湯煎焼きする。4～5分経ち焼き色がついたら、途中でアルミホイルを被せる。粗熱をとって型のまま冷蔵庫で5～6時間冷やす。

Chapter **6** 世界一簡単な人気おやつ

MEMO

焼き時間はお好みで調整してください。できたてはプルプルですが、冷やすと生地が落ち着きます。切り分けるときは温めた包丁を使うと切りやすいです。型の周りに包丁を入れて外してから切ってください。

オーブンで作るときは…

6でクシャッとさせたクッキングシートを敷いた直径15cmのケーキ型に生地を流し入れ、150℃に予熱したオーブンで35～40分ほど湯煎焼きする。粗熱をとって型のまま冷蔵庫で5～6時間冷やす。

ふわふわとろ〜ん♪ チョコレートムース

口の中でとろける食感がたまらない〜♪ 冷やす容器はおうちにあるもので代用OKです！

材料 8cm×15.6cm×高さ8.3cm・内容量510mlの
ジップロックコンテナー1台分

チョコレート…100g　牛乳…100cc　粉ゼラチン…3g　生クリーム…100cc

1

耐熱ボウルにチョコレートを割り入れ、牛乳を加える。電子レンジで1分ほど加熱して、余熱で完全に溶けるまで、泡立て器で混ぜる。

2

熱いうちに粉ゼラチンをふり入れ、泡立て器で手早く混ぜて完全に溶かす。そのまま置いて少し冷ます。

Point 溶けないときは追加で5〜10秒ずつ加熱して混ぜる。

3

別のボウルに生クリームを入れてハンドミキサーで泡立て、6分立てにする。

4

2が冷めて**3**と同じくらいのかたさになったら、**3**を加えてゴムベラでさっくりと混ぜる。

5

クッキングシートを敷いたコンテナーに流し入れ、冷蔵庫で2時間ほど冷やし固める。

MEMO

温めた包丁を使うときれいに切れます。

カフェ風オレオバナナマフィン

しっとりした生地とザクザクのオレオが相性抜群。トッピングのオレオの量はお好みで増やしても♪

━━━ 材 料 アルミカップ6個分 ━━━		
バナナ…中2本 卵…1個	**A** 砂糖…大さじ2 ホットケーキミックス…100g	オレオクッキー…5枚

1

ポリ袋にバナナを入れ、つぶしながらなめらかになるまで揉み混ぜる。

2

卵を加え、さらに揉み混ぜる。

3

Aを加え、粉っぽさがなくなるまで揉み混ぜる。

4

ポリ袋の角を切り、アルミカップに6等分に絞り出す。

5

オレオクッキーを4等分にして3個ずつトッピングし、トースターで15〜17分焼く。7〜8分経ち焼き色がついたら、途中でアルミホイルを被せる。

MEMO

オレオクッキーは1/2枚分余るので、追加でトッピングしても。できたても美味しいですが、手で触れるくらいの熱さになったらぴったりとラップをして1日置くとしっとりしてそれもまた美味しい!

オーブンで作るときは…

4でアルミカップを天板にのせ、オレオクッキーをトッピングし、180℃に予熱したオーブンで9〜10分焼く。

お祭りの味! いちごあめ

パリパリの飴の中にジューシーないちごが美味しい。このレシピなら、失敗なし!

=== 材料 8個分 ===

いちご…8個

A | 砂糖…大さじ8
水…大さじ2

1

いちごを洗い、キッチンペーパーで水気をしっかり取る。ピックやつまようじをさし込む。

2

小鍋にAを入れてさっと混ぜる。

3

弱中火で熱し、沸騰したら4〜5分煮詰める。薄く黄色っぽくなってきたら火を消す。

Point 煮詰めている間は混ぜない。軽く揺する程度はOK。

4

いちごを飴に手早く絡める。クッキングシートにのせ、常温で5分ほど置いて固める。

Point 長時間絡めるといちごの水分が出てしまうので、手早く行う。

MEMO

熟しすぎたいちごは水分が多く失敗しやすいので、新鮮なかためのいちごを使ってください。また、カットりんごなどで作っても♪ 保存には向かないので、すぐに食べてください。

再現
おやつ

みんなが大好きな人気おやつを再現しました！
おうちで作ればあの味がいつでも
満足いくまで楽しめちゃう上に、
もちろんコスパも◎！
おうちなら、チョコや生クリームを追加するなど、
自分好みにアレンジできるのもうれしい♪

材料2つだけ！
ハートのシュガーパイ

ハート型がかわいいパイはプレゼントにもぴったり♡
サクサクで香ばしく、いくらでも食べられちゃう！

冷凍パイシート(15cm×23.5cm×2.5mmの「ニップン パイシート 4枚入」を使用)…1/2枚
砂糖…小さじ1/2×3

1
ラップの上にパイシートをのせ、砂糖小さじ1/2を全体にふりかける。

Point パイシートは使う10分前に冷凍庫から出して扱いやすいかたさにする。

2
菜箸で砂糖を押し込みながら、一回り大きくのばす。

3
左右を中心に向かって2回ずつ折りたたむ。

4
砂糖小さじ1/2を全体にふりかける。

5
菜箸で砂糖を押し込みながら、軽くのばす。

6
半分に折りたたむ。

7
5mm幅に切る。アルミホイルの上に間隔を空けて並べる。

Point やわらかいときは冷凍庫で少し冷やすと切りやすいかたさになる。

8
砂糖小さじ1/2をふりかけて指で軽く押し込み、トースターで8〜9分焼く。焦げそうになったら、途中でアルミホイルを被せる。

オーブンで作るときは…

7でクッキングシートを敷いた天板に並べ、砂糖小さじ1/2をふりかけて指で軽く押し込み、200℃に予熱したオーブンで9〜10分焼く。

Chapter **7** 再現おやつ

73

サクサクとまらない！
ミニチョコパイ

サクサクのパイ生地とチョコレート！
大好きなあの味がおうちで作れちゃう♪

══════════════ 材料 12個分 ══════════════

冷凍パイシート（15cm×23.5cm×2.5mmの「ニップン パイシート 4枚入」を使用）…1枚
チョコレート…20g（「明治 ミルクチョコレート」6ピース分を使用）
溶き卵…1/4個分　砂糖…小さじ2/3

1

ラップの上にパイシートをのせ、半分に切る。

Point　パイシートは使う10分前に冷凍庫から出して扱いやすいかたさにする。

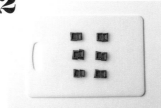

2

チョコレートはピースに割り、さらに半分に切り、12等分する。

3

片方のパイシートにチョコレートをのせ、もう片方を被せる。

Point　被せるほうのパイシートは少し手で広げておく。

4

チョコレートの形に添って、12等分に切り分ける。

5

パイシートをのばしながらチョコを包み、周りをフォークで押して閉じ、アルミホイルの上に並べる。

6

キッチンペーパーで溶き卵を塗る。

7

砂糖をまんべんなくふりかけ、トースターで12分ほど焼く。6〜7分経ち焼き色がついたら、途中でアルミホイルを被せる。

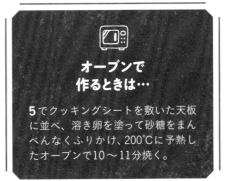

オーブンで作るときは…

5でクッキングシートを敷いた天板に並べ、溶き卵を塗って砂糖をまんべんなくふりかけ、200℃に予熱したオーブンで10〜11分焼く。

トースターで簡単！ 焼きチョコ

サクッ、ホロッとした食感を再現！ 薄力粉と片栗粉の配合のバランスがポイントです♪

=== **材料** 約14個分 ===

チョコレート…100g

A │ 薄力粉…大さじ1
　 │ 片栗粉…大さじ1

1

耐熱ボウルにチョコレートを割り入れ、電子レンジで1分ほど加熱する。

2

余熱で完全に溶けるまで、ゴムベラで混ぜる。

Point 溶けないときは追加で5〜10秒ずつ加熱して混ぜる。

3

Aをふるい入れ、さっくりと切るように混ぜる。

4

クッキングシートに広げ、7〜10分冷凍庫で冷やし、切りやすいかたさにする。

5

ひと口サイズに切り、アルミホイルに並べてトースターで2〜3分焼く。

Point 焦げやすいため、様子を見ながら焼き、溶けそうになったらストップする。

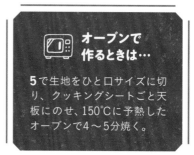

オーブンで作るときは…

5で生地をひと口サイズに切り、クッキングシートごと天板にのせ、150℃に予熱したオーブンで4〜5分焼く。

奇跡のくちどけ! レンジ生キャラメル

レンジで作れば簡単＆あっという間に作れちゃう! 甘〜い幸せが口いっぱいに広がります♡

===== 材料 8個分 =====

牛乳…大さじ6　砂糖…大さじ3　バター…10g

1

耐熱ボウルにすべての材料を入れる。

Point 沸騰するので、大きめのボウルに入れる。火傷に注意。

2

電子レンジで4分加熱して混ぜ、3分加熱して混ぜ、30秒加熱して混ぜる。その後、一部が焦げ始めるまで30秒加熱して混ぜる工程を繰り返す（1〜2回が目安）。

3

よく混ぜて、焦げ具合を確認する。足りなければ、さらに30秒加熱してよく混ぜる。

4

クッキングシートに広げ、冷蔵庫で15分ほど冷やす。粗熱がとれたら、好みの形に切り分ける。

MEMO

冷蔵庫で長く冷やすとかたくなりますが、常温に置くかレンジで15秒ほど温めるとやわらかくなります。

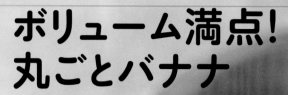

ボリューム満点!
丸ごとバナナ

ふわふわのスポンジ、生クリーム、バナナ、
もう最高としか言いようのない組み合わせ!
少量の生クリームを生地にも加えることで、しっとり感が出ます♪

A	卵…1個	薄力粉…大さじ2	砂糖…大さじ1/2
	砂糖…大さじ1½	生クリーム…50cc	バナナ…1本

1

ボウルに**A**を入れてハンドミキサーで生地をすくって落とすとリボン状になるまで混ぜる。

2

薄力粉をふるい入れ、ゴムベラでさっくりと切るように混ぜる。さらに生クリーム小さじ1/2を加え、優しく混ぜる。

3

平たい耐熱皿にクッキングシートを敷き、**2**を流し入れる。

4

ふんわりとラップをして、電子レンジで1分ほど加熱する。そのまま置いて粗熱をとる。

Point 生の部分がある場合は追加で10秒ずつ加熱する。

5

別のボウルに残りの生クリームと砂糖を入れ、ツノが立つまで泡立てる。

6

4に**5**を塗り、バナナをはさむ。

Chapter **7** 再現おやつ

濃厚&クリーミー!
なめらかプリン

食べた瞬間、口の中でとろける至福のプリン。
お店の味にも負けない美味しさです♪

A	牛乳…100cc	卵黄…2個分	B	生クリーム…100cc
	砂糖…大さじ2½			バニラエッセンス…数滴

1

耐熱ボウルに**A**を入れ、電子レンジで40〜50秒加熱し、泡立て器で混ぜて溶かす。

2

別のボウルに卵黄を入れて溶きほぐし、**1**を少しずつ入れてその都度混ぜる。

3

Bを加え、さらに混ぜる。

4

容器に濾しながら半量ずつ流し入れ、アルミホイルを被せる。

5

フライパンに平たい皿を入れ、型の1/3が浸かる量の水を入れて沸騰直前まで熱する。

6

4を入れ、ふたをして極弱火で22〜27分加熱する。粗熱をとって型のまま冷蔵庫で2〜3時間冷やす。

Point フライパンの湯は沸騰させない。

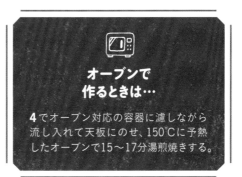

オーブンで
作るときは…

4でオーブン対応の容器に濾しながら流し入れて天板にのせ、150℃に予熱したオーブンで15〜17分湯煎焼きする。

Chapter **2** 再現おやつ

懐かしのてぬきおやつ

しゅわっととける卵ボーロ

優しいくちどけに癒やされる♪ 小さなお子さんから
ご年配の方まで、全世代の方にオススメです！

材 料 30個分		
A	卵黄…1/2個分	片栗粉…大さじ4½
	砂糖…大さじ1½	牛乳…小さじ1

1

ボウルにAを入れ、ゴムベラで混
ぜる。

2

片栗粉を加え、ゴムベラで切るよ
うに混ぜる。

3

牛乳を加え、さらに混ぜて手でひ
とまとまりにする。

4

ぎゅっと寄せながら直径1cmに丸
め、アルミホイルに並べてトース
ターで10分ほど焼く。4〜5分経
ち焼き色がついたら、途中でアル
ミホイルを被せる。

MEMO

焼きたてはやわらか
いですが、冷めると
サクサクになります。

オーブンで作るときは…

4で生地を丸めてクッキン
グシートを敷いた天板に並
べ、180℃に予熱したオー
ブンで10分ほど焼く。

素朴な味わいの懐かしいおやつレシピをご紹介。
子どもの頃を思い出しながら、楽しんで作ってみてください！

駄菓子屋さんの味！
きなこ棒

きなこ好きにはたまらない、ねっとり食感のきなこ棒。
駄菓子屋さんで買って食べたあの味をはちみつで再現しました！

―― 材料 8本分 ――

はちみつ…大さじ2
きなこ…大さじ4＋大さじ2/3

1

耐熱ボウルにはちみつを入れ、電子レンジで30秒ほど加熱する。

2

きなこ大さじ4を加えて混ぜる。

3

ラップに包み、厚さ1cmほどの板状に成形する。

4

棒状に8等分に切る。

5

きなこ大さじ2/3をふり、全体にまぶす。

MEMO

かためが好きな方は冷蔵庫で1時間ほど冷やしてお召し上がりください。

83

しっとりマドレーヌ

バターの香りがたまらない！ ラップで包んで
1日置くと、しっとりして美味しくなります。

バター…25g　ホットケーキミックス…50g
卵…2個　砂糖…大さじ4　油…大さじ2

1

耐熱ボウルにバターを入れ、電子レン
ジで30秒ほど加熱して溶かす。
Point　溶けないときは10秒ずつ追加で
加熱する。

2

その他のすべての材料を加え、泡立て
器でよく混ぜる。

3

アルミカップに6等分に流し入れ、ト
ースターで15〜18分焼く。3〜4分
経ち焼き色がついたら、途中でアルミ
ホイルを被せる。
Point　粗熱がとれたらラップで包む。

**オーブンで
作るときは…**

3で天板にアルミカップを
のせ、180℃に予熱したオ
ーブンで9〜10分焼く。

おやつパン＆
パンケーキ

ここではおやつにはもちろん、
朝ごはんやブランチにもぴったりのレシピをご紹介！
焼きたてのホカホカはやっぱり格別の美味しさですよね。
おやつパンはかなり時短になっているので、
少しだけ時間のある朝なら気軽に作れちゃいます。
美味しい簡単レシピで幸せな1日をお過ごしください！

ふわしゅわ♪
スフレパンケーキ

ホテルで食べるようなふわふわ＆しゅわしゅわ食感の
パンケーキ。メレンゲが命なので、
つぶさないよう優しく丁寧に混ぜて。

====== 材料 3個分 ======

| 卵(卵黄と卵白に分ける)…1個 | **A** | 薄力粉…大さじ2 | 水…小さじ1½〜2 |
| 砂糖…大さじ1 | | ベーキングパウダー…小さじ1/2 | バター…適量 |

1

ボウルに卵白を入れ、周りが少し凍るまで10〜13分ほど冷凍庫で冷やす。

2

別のボウルに卵黄を入れ、**A**をふるい入れ、水小さじ1½を加える。

3

1をハンドミキサーで少し混ぜ、砂糖を3回に分けて加え、その都度混ぜてツノが立ったかたいメレンゲを作る。

Point ボウルを裏返しても落ちないくらいのかたさにする。

4

そのままのハンドミキサーで粉っぽさがなくなるまで**2**を手動で混ぜる。かたすぎて粉っぽい場合は水を小さじ1/5ずつ加えて混ぜる。

Point できるだけ水は少なくする。

5

4に少量の**3**を加え、ゴムベラで泡をつぶさないようにふんわり混ぜる。

6

残りの**3**を加え、泡をつぶさないようにふんわり混ぜる。

7

フライパンを極弱火で熱し、バターをひく。**6**を少量ずつスプーンで3か所に分けて入れ、連続しないよう、順に少しずつ重ねて盛る。

Point 下の生地が少しかたまったら、高さを出すイメージで少しずつ上にのせる。

8

ふたをして、弱火で3分〜3分30秒焼く。

9

フライ返しに水をつけて裏返す。水大さじ1（分量外）をパンケーキにかからないように入れ、ふたをして4分ほど焼く。

ポリ袋で簡単! チョコチャンクスコーン

洗い物は大さじのみ! あとはポリ袋で完結する超お手軽レシピです。チョコの食感がいいアクセント♪

=== **材料** 6個分 ===

ホットケーキミックス…150g　油…大さじ2　牛乳…大さじ2　チョコレート…30g

1

ポリ袋にチョコレート以外のすべての材料を入れ、粉っぽさがなくなるまで混ぜる。

2

ある程度まとまったら、チョコレートを割り入れてさらに混ぜる。

3

ポリ袋の中で2cmほどの厚みの円形にし、袋の上から包丁で6等分する。

Point　ポリ袋を切らないよう、上から押さえるように分ける。

4

アルミホイルの上に並べ、トースターで13〜15分焼く。5分ほど経ち焼き色がついたら、途中でアルミホイルを被せる。

> **オーブンで作るときは…**
>
> 4でクッキングシートを敷いた天板に生地を並べ、180℃に予熱したオーブンで14分ほど焼く。

ポリ袋で簡単! クリームチーズスコーン

材料は3つだけで、混ぜて、切って、焼くだけで完成! チーズの優しい風味がたまりません♪

───── 材料 6個分 ─────

ホットケーキミックス…150g　クリームチーズ…100g　牛乳…大さじ2

1

ポリ袋にすべての材料を入れ、粉っぽさがなくなるまですり混ぜる。

2

ある程度まとまったら、ポリ袋の中で2cmほどの厚みの円形にし、袋の上から包丁で6等分する。

Point ポリ袋を切らないよう、上から押さえるように分ける。

3

アルミホイルの上に並べ、トースターで15〜17分焼く。5分ほど経ち焼き色がついたら、途中でアルミホイルを被せる。

 オーブンで作るときは…

3でクッキングシートを敷いた天板に生地を並べ、180℃に予熱したオーブンで15分ほど焼く。

Chapter **8**　おやつパン&パンケーキ

ひと口サイズの
オールドファッション

カリッとしてサクサク！
コロコロかわいいまんまるドーナツです。

材料 12個分

卵…1/2個　　　　油…小さじ1/2
砂糖…大さじ2　　ホットケーキミックス…100g

1

ボウルにホットケーキミックス以外のすべての材料を入れ、泡立て器で混ぜる。

2

ホットケーキミックスを入れ、ゴムベラでさっくりと混ぜる。

3

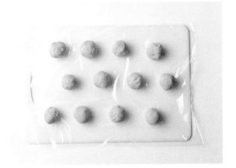

12等分して、手で丸める。

4

フライパンに油（分量外）を深さ1cmほど入れて170℃に熱し、弱火にする。**3**を入れ、転がしながら4〜5分揚げ焼きする。

Point　全面に焼き色がつくように転がす。

アメリカンチーズドッグ＆ソーセージ

ほんのり甘い生地にジューシーなソーセージとのびるチーズ！ チーズはさけるチーズを使うのがポイントです。

─── 材料 12個分 ───

さけるチーズ…1本（「雪印北海道100 さけるチーズ プレーン」を使用）
ソーセージ…2本

A | ホットケーキミックス…100g
　| 牛乳…50cc

1

さけるチーズは6等分する。ソーセージは
それぞれ3等分する。

2

ボウルに**A**を入れてゴムベラでさっくりと混
ぜる。

3

2で**1**を1切れずつ包む。

Point　生地がくっつきやすいので、手に水を
つけながら行う。

4

フライパンに油（分量外）を深さ1cmほど
入れて170℃に熱し、弱火にする。**3**を入れ、
転がしながら4分ほど揚げ焼きする。

Point　全面に焼き色がつくように転がす。

食パン
おやつ

食パンがおうちにあったら、
ぜひお試しいただきたいおやつを集めました！
いつもの食パンが
あっという間に美味しいおやつに早変わり♪
最短3分で作れるレシピもあるので、
甘いものが食べたくなったらぜひお試しを！

速攻できる! ティラミストースト

トーストを焼いている間にコーヒーとチーズクリームを作れば3分で完成!

材料 食パン1枚分

インスタントコーヒー…小さじ1/2　　クリームチーズ…30g　　食パン(6枚切)…1枚
　　　　　　　　　　　　　　　　　砂糖…大さじ1　　　　　ココアパウダー…小さじ1/5ほど

器にインスタントコーヒーと湯小さじ2（分量外）を入れ、混ぜる。

耐熱ボウルにクリームチーズを入れて電子レンジで15秒ほど加熱し、砂糖を加えてゴムベラで混ぜる。

食パンをトーストし、1をスプーンでまんべんなくかける。

2をまんべんなく塗り、ココアパウダーをふりかける。

フライパンで簡単! ホットサンド

チーズとはちみつの甘じょっぱさがクセになる! 中身はお好きな具材でアレンジしてもOK♪

材料 1人分

食パン(8枚切)…2枚　ピザ用チーズ…40g　はちみつ…大さじ1/2　バター…10g

1

食パン1枚にチーズの半量を広げてのせ、はちみつを回しかける。

2

残りのチーズをのせ、もう1枚の食パンではさむ。

3

フライパンを中火で熱し、バター5gをひく。弱火にし、2をのせてフライ返しで押しながら4分ほど焼く。

4

焼き色がついたら裏返し、残りのバターを入れて、フライ返しで押しながら4分ほど焼く。

Point バターを入れたらパンをフライ返しで持ち上げ、下に流し込む。

揚げない! あんバタードーナツ

揚げずに作るから、少量の油でできてカロリーオフ。あんことバターの組み合わせは罪!

材料 1人分

食パン(8枚切)…2枚　粒あん…65g　バター…5g　油…大さじ1　砂糖…小さじ1

1

食パン1枚をアルミホイルにのせ、粒あんをまんべんなく塗り、上にバターを少量ずつ散らす。

2

もう1枚の食パンをかぶせてはさむ。

3

片面にスプーンで油の半量を塗り、トースターで3分30秒ほど焼く。焼き色がついたら裏返し、裏面に残りの油を塗って3分ほど焼く。

4

砂糖を片面にまんべんなくふる。

なつかしのきなこ揚げパン

給食で食べたあの味を食パンで、揚げずに再現！ 火を使わないので忙しい朝でも作れます。

材料 食パン1枚分		
食パン（6枚切）…1枚	**A**	砂糖…大さじ1
油…大さじ1		きなこ…大さじ2/3
		塩…少々

1

食パンを9等分に切る。

2

アルミホイルにのせ、片面にスプーンで油の半量を塗り、トースターで3分30秒ほど焼く。焼き色がついたら裏返し、裏面に残りの油を塗って1〜2分焼く。

3

ポリ袋に**A**と**2**のパンを入れ、全体にまぶすように振り混ぜる。

サクッと香ばしい! キャラメルラスク

パンのほかに必要なのは砂糖と牛乳とバターだけ! キャラメルコーティングのサクサクラスクが超簡単にできる♪

=== 材料 食パン1枚分 ===

食パン（6枚切）…1枚

A
砂糖…大さじ2
牛乳…大さじ1
バター…15g

1

食パンを16等分に切る。

2

クッキングシートに並べ、電子レンジで1分ごとに裏返したり場所をかえたりしながら3分加熱する。

3

フライパンにAを入れて、弱中火で2分ほど加熱して、少し焦がす。
Point 沸騰して少し色づいたらOK。

4

2を加え、キャラメルがパンの全面に絡むように混ぜながら、1分30秒〜2分加熱する。

5

クッキングシートにのせ、10分ほど置いて冷ます。

MEMO
工程4でキャラメルが固まってきたら、パンを押し付けるようにしながら混ぜてください。

10

餃子の皮&
春巻きの皮の
おやつ

餃子や春巻きの皮が中途半端に余ってしまって
困っちゃうことってありませんか？
そんなときはてぬキッチンにおまかせください♪
餃子や春巻きの皮を
絶品おやつに大変身させちゃいます！
これからはおやつ用に多めに皮を買いたくなるかも……。

くるくる
ロールクッキー

餃子の皮がリッチな風味のクッキーに。
バターと砂糖が溶けてカリカリの羽根のようになって、
たまらない美味しさです！

===== **材料** 10個分 =====

バター…15g　餃子の皮…10枚　砂糖…大さじ1強

1

耐熱容器にバターを入れ、電子レンジで20〜30秒加熱して溶かす。

2

餃子の皮の片面にスプーンで**1**をまんべんなく塗る。

3

上に砂糖をまんべんなくふる。

4

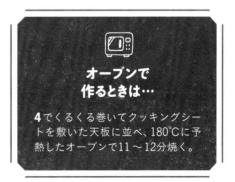

くるくる巻いてアルミホイルに並べ、トースターで8〜9分焼き、粗熱をとる。

オーブンで
作るときは…

4でくるくる巻いてクッキングシートを敷いた天板に並べ、180℃に予熱したオーブンで11〜12分焼く。

スイートポテトスティック

スイートポテトがお好みの甘さやなめらかさになるよう、砂糖と生クリームの量は調整してください♪

材料 4本分

さつまいも…100g	A	砂糖…大さじ1½	春巻きの皮…2枚
		生クリーム…大さじ1	油…適量

1

さつまいもは皮をむき、2〜3cm角に切る。

2

耐熱ボウルに**1**とひたひたの水（分量外）を入れ、ふんわりとラップをして電子レンジで5分ほど加熱する。水を切り、粗熱をとる。

3

ポリ袋に**2**と**A**を入れ、好みのなめらかさになるまで揉み混ぜる。

Point ポリ袋はマチのないものが絞りやすい。

4

春巻きの皮を半分に切り、それぞれに**3**を細長く絞り出す。くるくる巻いて、端を水（分量外）でとめる。

5

フライパンに油を深さ5mmほど入れて180℃に熱し、中火にする。巻き終わりを下にして入れて1分ほど揚げ焼きする。

6

片面が焼けたら裏返し、反対の面もカリッとするまで1分ほど揚げ焼きする。

あつひや! アイスクリームパイ

外は温かいサクサクの皮、中は冷たいアイスの新感覚スイーツ。短時間の揚げ焼きで意外と簡単♪

=== 材料 2個分 ===

ミニ雪見だいふく…2個　春巻きの皮…2枚　水溶き薄力粉…適量　油…適量

1

雪見だいふくを春巻きの皮の中心より少し下に置く。

2

下の皮をかぶせて1回転させる。

3

左、右を折って、上まで巻き、端を水溶き薄力粉でしっかりとめる。冷凍庫に入れ、3時間ほど冷やし固める。

Point　水溶き薄力粉は水と薄力粉を1:1で混ぜて作る。

4

フライパンを傾けたときに**3**が半分ほど浸る量の油を入れて180℃に熱し、中火にする。**3**を入れ、傾けたまま1分ほど揚げ焼きする。

Point　1個ずつ揚げる。小鍋を使うと、さらに油の量を少なくできる。

5

片面が焼けたら裏返し、反対の面も焼き色がつくまで1分ほど揚げ焼きする。

濃厚カスタードの
エッグタルト

手間のかかるエッグタルトも餃子の皮なら超簡単！
卵黄と生クリームで濃厚とろ〜りな味わいになっています♪

材料 アルミカップ4個分

A
卵黄…1個
生クリーム…大さじ5
砂糖…大さじ2

餃子の皮…4枚

1

ボウルに**A**を入れ、泡立て器で混ぜる。

2

アルミカップに餃子の皮を敷く。

3

1を**2**に等分に流し入れ、トースターで10分ほど
焼く。5分ほど経ち焼き色がついたら、途中でア
ルミホイルを被せる。

MEMO

餃子の皮を計8枚使って1個を皮2枚重ね
にすると、よりタルトっぽい食感に！
その場合は、バター5gを電子レンジで
10秒ほど加熱して溶かし、1/4量ずつそ
れぞれの餃子の皮の間に塗ってください。
焼き時間は10分ほどで同じです。

**オーブンで
作るときは…**

3で生地を流し入れて天板に
並べ、180℃に予熱したオー
ブンで13〜15分焼く。

魅惑のバナナマシュマロパイ

加熱すると美味しいバナナとマシュマロ。2つを包んで揚げたら、最高のおやつができました！

=== **材料** 4個分 ===

バナナ…1/2本　　　　　　　　　　春巻きの皮…4枚　　　油…適量

マシュマロ(1個3gのものを使用)…4個　　水溶き薄力粉…適量

1

バナナを4等分に斜め切りする。マシュマロは縦半分に切る。

2

バナナ1切れとマシュマロ2切れを春巻きの皮の中心より少し下に置く。

3

下の皮をかぶせて1回転させる。

4

左、右を折って、上まで巻き、端を水溶き薄力粉でしっかりとめる。

Point　水溶き薄力粉は水と薄力粉を1：1で混ぜて作る。

5

フライパンに油を深さ5mmほど入れて170℃に熱し、弱中火にする。4を入れて1分30秒ほど揚げ焼きする。

6

片面が焼けたら裏返し、反対側の面もカリッとするまで1分ほど揚げ焼きする。

やみつき！ 春巻きチップス

中途半端に余りがちな春巻きの皮がサクサクのチップスに！ さっと揚げるだけで、止まらない美味しさ！

=== 材料 1〜2人分 ===

春巻きの皮…2枚
油…大さじ4

A｜粉チーズ…大さじ1
　｜ブラックペッパー…少々

1

春巻きの皮は好みの大きさに切る。

2

フライパンに油を入れて170℃に熱し、弱火にする。**1**を入れて両面がカリッとするまで1分弱揚げ焼きし、油を切る。

Point　焦げやすいので注意。あまり重ならないよう2回に分けて揚げ焼きする。

3

ポリ袋に**2**と**A**を入れ、振り混ぜる。

豆腐&おからのおやつ

しっとり豆腐チーズケーキ

生クリームの代わりに豆腐を使用。クリームより
さっぱり、でもしっとりクリーミーな仕上がりです。

材料 10×10cmの耐熱容器1台分

クリームチーズ…100g　砂糖…大さじ4
薄力粉…大さじ1　絹豆腐…50g　卵…1個

1

耐熱ボウルにクリームチーズを入
れ、電子レンジで20〜30秒加熱
してやわらかくする。

2

砂糖、薄力粉を順に加え、その都
度泡立て器でなめらかになるまで
よく混ぜる。

3

豆腐を加え、なめらかになるまで
よく混ぜる。

4

卵を加え、なめらかになるまでよ
く混ぜる。

5

ラップを敷いた耐熱容器に流し入
れ、ふんわりとラップをして電子
レンジで2分加熱する。粗熱をと
り、容器に入れたまま冷蔵庫で2
〜3時間冷やす。

ヘルシーな豆腐とおからで美味しいおやつを作りました！
豆腐は濃厚なものより、お手頃価格のもののほうが独特のにおいが少なくておやつ向きです。

ヘルシー豆腐
ガトーショコラ

ラップで包んで1日置くとしっとりします。冷蔵庫で冷やすと
ずっしりとした重めの食感になり、これもまた美味しいです！

=== 材 料 アルミカップ6個分 ===

チョコレート…100g
絹豆腐…100g
卵…1個
ホットケーキミックス…50g

1

耐熱ボウルにチョコレートを割り
入れ、電子レンジで1分ほど加熱
する。

2

余熱で完全に溶けるまで、泡立て
器で混ぜる。

Point　溶けないときは追加で5〜
10秒ずつ加熱して混ぜる。

3

豆腐を加え、泡立て器でなめらか
になるまでよく混ぜる。

4

卵を入れて混ぜる。

Point　甘さ控えめなので好みで砂
糖を追加する。

5

ホットケーキミックスを入れてさ
っくりと混ぜる。

Point　混ぜすぎないよう注意。粉
っぽさがなくなったらOK。

6

アルミカップに生地を等分に入れ
てトースターで10〜13分焼く。

Point　オーブンの場合は天板にの
せ、180℃に予熱して10分ほど焼く。

おから
チョコレートケーキ

おからとは思えないしっとり感なのに、ワンボウルの
超簡単ケーキ。もっとヘルシーにしたい方は
砂糖をゼロカロリーの甘味料に代えても。

=== **材 料** 直径21cmの耐熱ボウル1台分 ===

生おから…100g
卵…2個
砂糖…大さじ4
ココアパウダー…大さじ2½
水…大さじ1
ベーキングパウダー…小さじ1

1

耐熱ボウルにすべての材料を入れて泡
立て器で混ぜる。

2

ふんわりとラップをし、電子レンジで
4分30秒加熱する。
Point　生の部分がある場合は様子を見
ながら追加で加熱する。

MEMO

熱いうちにゴムベラなどを使って
ボウルから外し、粗熱がとれたら
ラップでぴったりと包んで保存す
るとしっとり感が長続きします。

Chapter

11

塩系
おやつ

おやつにしてもおつまみにしても、
ついつい手が止まらなくなっちゃう！
カリカリ＆サクサクの超やみつきのおやつたちです。
レンジ＆揚げ焼きで簡単に作れて、
調味料以外の材料はなんと1〜2つだけと、
どれも超！超！簡単です！

余ったお餅で! 手作りおかき

お餅が1個あれば、あっという間にできるレシピ。サクサクのうちにお召し上がりください♪

―――― 材料 1人分 ――――

| 切り餅…1個 | A | 砂糖…小さじ1 |
| 塩…少々 | | 醤油…小さじ1 |

1

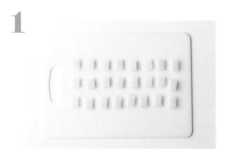

切り餅を縦長になるよう半分に切り、それぞれを12等分に薄切りして、24等分する。

2

クッキングシートに間隔を空けて並べ、電子レンジで3分加熱する。その後は様子を見ながら15秒ずつ追加加熱し、カリッとしたものから取り出す。

3

ポリ袋に2とAを入れて振り混ぜ、塩で味を調える。

MEMO

味を調えたらポリ袋から出し、器で少し乾かすとサクサクになります。時間が経つとサクサク感がなくなってしまうので、早めに食べきるようにしてください。

無限に食べたい！ のり天

市販で見かけるのり天ですが、実はとっても簡単でコスパも◎！ ごま油で作るのもオススメです。

――― 材料 1～2人分 ―――

焼きのり…全型1枚		薄力粉…大さじ1½
油…大さじ4	A	塩…小さじ1/3
		水…大さじ1½

1

のりをキッチンバサミで48等分に切る。

2

ボウルにAを入れ、菜箸でさっくり混ぜる。

Point 混ぜすぎないのがコツ。

3

フライパンに油を入れて170℃に熱し、弱中火にする。のりの片面に2の衣をつけ、衣を下にして入れ、2～3分揚げ焼きする。

4

片面が焼けたら裏返し、反対側の面もカリッとするまで1分ほど揚げ焼きする。

最高にカリッカリ! ごぼうチップス

パリパリでサクサク〜! 食べだしたら止まらなくなるので要注意! 塩加減はお好みで♪

材料 1〜2人分

ごぼう…40g　片栗粉…大さじ1/2　油…適量　塩…適量

1

ごぼうは皮をむき、ピーラーで薄くスライスする。

2

ポリ袋に入れて片栗粉を加え、全体にまぶすように振り混ぜる。

3

フライパンに油を深さ5mmほど入れて170℃に熱し、弱中火にする。2を入れて、2分30秒ほど揚げ焼きする。

4

片面が焼けたら裏返し、反対側の面もカリッとするまで2分30秒ほど揚げ焼きする。

5

油を切り、粗熱がとれたら好みのサイズに割り、塩をふる。

MEMO

揚げるときにごぼう同士がくっつきますが、そのまま揚げちゃってOK! 最後に好みのサイズに割ります。

材料2つだけ! チーズコーンフレーク

シュガータイプのコーンフレークで作ると、塩気のあるチーズと相性抜群です♡

──── 材料 6個分 ────

ピザ用チーズ…30g　コーンフレーク（シュガータイプ）…10g

1

クッキングシートにチーズを6等分しての
せる。

2

コーンフレークを粗めに砕きながらのせる。

3

電子レンジで1分45秒ほど加熱する。

Point　場所によって熱の通りが変わるため、
様子を見て、サクサクになったものから取り出す。

MEMO

コーンフレークはシュガーなし
のタイプでもOKです。その場合、
電子レンジの加熱時間は2分30
秒〜3分を目安にしてください。

115

ポリポリ焼きそばスナック

さっと揚げ焼きするだけで、おやつやおつまみにぴったり！ 鶏ガラ味とソース味、どちらも美味しい♪

=== **材料** 1人分 ===

焼きそば麺…1/2袋(1袋150g・チルドタイプの「日清焼そば」を使用)
油…大さじ4

・味付け　鶏ガラスープのもと…小さじ1/3ほど
　　　　　もしくは
　　　　　粉末ソース(添付のもの)…小さじ1/2ほど

1

麺をキッチンバサミで1〜2cm長さに切る。

2

フライパンに油を入れて170℃に熱し、中火にする。1を入れ、2分ほど揚げ焼きする。

3

片面が焼けたら裏返し、反対側の面もカリッとするまで2分ほど揚げ焼きし、油を切る。

4

ポリ袋に3と味付けの材料を入れ、好みのサイズに割りながら振り混ぜる。

和菓子の
おやつ

一見手間がかかりそうな和菓子も
てぬキッチンではレンジやフライパンを使って
お手軽に作れるレシピにアレンジしました！
しかも、わらび粉を片栗粉で、
生クリームを牛乳で代用するなど、
材料もおうちにあるものばかりで作れます♪

片栗粉で
チョコわらびもち

わらび粉もチョコも使わないけど、
わらびもち気分が味わえちゃう!
コスパも抜群のお手軽レシピです♪

片栗粉…大さじ2　砂糖…大さじ4　牛乳…100cc　ココアパウダー…大さじ1

1

小鍋にすべての材料を入れ、泡立て器で混ぜる。

2

弱中火にかけ、ゴムベラで絶えず混ぜる。

3

2分ほど経ち、強い粘りがでたら火を止める。

Point　1分30秒ほどでもったりとしてくるので、絶えず練り混ぜる。

4

水で濡らした容器に入れ、濡らしたラップをぴったりとかけて冷蔵庫で30分〜1時間冷やす。

5

好みのサイズに切り、ココアパウダー小さじ2/3（分量外）をまぶす。

MEMO

保存には向かないので、早めにお召し上がりください。冷蔵庫に長時間入れたままだと味と食感が悪くなるので、食べる時間に合わせて作ってください。

Chapter 12 和菓子のおやつ

じゅわっと
はちみつバター餅

バターでこんがり焼いたお餅にはちみつが合う!
塩を少々ふると甘みが引き立ち、
ブラックペッパーを少々ふるとスパイシーで大人の味わいに♪

===== **材 料** 1個分 =====

バター…2.5g　切り餅…1個　はちみつ…小さじ1〜2

1

フライパンを弱火で熱し、バターをひく。切り餅を転がしながら、全面を6〜7分焼く。

2

切り餅がやわらかくなったら中火にし、こんがりとした焼き色をつける。

3

皿に盛り、はちみつをかける。

MEMO

時短したい場合は、切り餅を耐熱皿にのせて電子レンジで20秒ほどチン！ それから焼けば、フライパンで焼く時間は3分ほどでOKです。

Chapter **12** 和菓子のおやつ

もちもち＆とろける生チョコ餅

まるで生チョコみたいなリッチな味わい。切り餅が余っているときにオススメです♪

━━━━━━━━ **材料** 4個分 ━━━━━━━━

切り餅…1個　チョコレート（割る）…50g　牛乳…大さじ3　砂糖…大さじ3　ココアパウダー…小さじ1/6×4

1

耐熱ボウルにココアパウダー以外のすべての材料を入れ、電子レンジで1分30秒加熱して泡立て器で餅をつぶすようによく混ぜる。

2

再度1分加熱して、ダマがなくなりなめらかになるまで1分ほどよく混ぜ、粗熱をとる。

3

4等分にしてラップに1個ずつのせ、全面にココアパウダー各小さじ1/6をまぶす。

Point　先にラップにふり、餅の上からもふる。

4

ラップで包み、形を丸く整える。

Point　冷めたら少しかたくなる。その場合はレンジで少し再加熱するとやわらかくなる。

とろ〜んとやわらか♪ きなこ餅アイス

アイスとしっかり混ぜ合わせることで、やわらかなお餅に。トッピングは目安なので、お好みの分量でどうぞ！

=== 材料 1〜2人分 ===

切り餅…1個　バニラアイス…大さじ3＋適量　きなこ…小さじ1/2　黒みつ…小さじ1

1

耐熱ボウルに切り餅とバニラアイス大さじ3を入れ、電子レンジで1分30秒ほど加熱する。

2

泡立て器でよく混ぜる。

Point　餅をつぶして押し広げるようにしっかり混ぜる。

3

再度30秒加熱し、なめらかになるまでよく混ぜて、粗熱をとる。

4

バニラアイス適量に**3**をのせ、きなこ、黒みつをかける。

さつまいも塩キャラメルスティック

生クリームなしのお手軽キャラメル！ 焼くときに崩れないよう、工程2では加熱しすぎないでください。

=== 材料 2〜3人分 ===

さつまいも…200g		砂糖…大さじ3
バター…15g	**A**	牛乳…大さじ1½
		塩…少々

1

さつまいもを6〜7mm角、長さ7cm程度の
スティック状に切る。

2

耐熱ボウルに**1**とひたひたの水（分量外）
を入れ、ふんわりとラップをして電子レン
ジで5〜6分加熱する。

3

フライパンを中火で熱し、バターをひく。
2を入れ、転がしながら、全体がこんがり
するまで3〜4分焼く。

4

Aを加え、さつまいもに絡めながら程よく
焦げ色になるまで2分ほど加熱する。

困ったらチェック！
てぬきおやつのQ&A

本書のレシピを作る際に注意していただきたいことや、
皆さまからいただいたご質問で多かったものにお答えします！

Q クッキーやケーキが
しっかり固まらない。

A 本書で紹介している「生チョコクッキー」や「半熟チーズケーキ」などは、できたてはふにゃふにゃ、プルプルでやわらかい状態になっています。クッキー系のものはそのまま冷ますことで、ケーキ系のものは冷蔵庫で冷やすことで、しっかり固まりますので、お試しください。

Q ゼラチンが
ダマになってしまう。

A 「森永クックゼラチン」は80℃以上の液体に直接ふりかけて溶かします。しっかり温めているのにダマになってしまう場合は、下記に注意してみてください。
・液体にふり入れたら、すぐに混ぜる
・しっかり溶けるまで混ぜ続ける
・1か所にかたまらないよう、まんべんなく少量ずつふりかける
寒い時期や少ない液体で溶かす場合は冷めやすいので、特にすばやく混ぜましょう。

Q ホットケーキミックス
がない！

A てぬキッチンのレシピではホットケーキミックスを活用しているものが多いのですが、おうちにあると思ったらうっかり切らしていたり、時期によってはお店で品切れになっていることってありますよね。でも、もう大丈夫！　本書のP.22で「手作りホットケーキミックス」のレシピを紹介しています。さまざまな分量で紹介していますので、必要な分だけ作ってみてください。

Q 湯煎焼きって
どうやるの？

A 「湯煎焼き」とは、オーブンの天板やバットに熱湯を入れた状態で加熱する調理方法のことです。蒸し焼き状態でしっとりとした仕上がりになるため、プリンやチーズケーキなどで取り入れています。湯煎焼きをするときには、底が取れないタイプの型を使って作ってください。また、トースターの天板が浅い場合などは、天板よりひとまわり小さいサイズのバットに型と熱湯を入れてもOKです！

Q 生地がパサパサに
なってしまった。

A できるだけ美味しくなる材料や作り方にしているのですが、食材の水分量の違いや調理道具の個体差などによってできあがりの状態が変わってきてしまうことがあります。特に電子レンジで加熱する生地はどうしても乾燥しやすいため、加熱後にラップで包んでしっとり感をキープします。やり方は各レシピのところに記載しましたので、ご確認ください。また、スポンジ生地のほかにパンやプリンなども、保存の際には必ずラップで乾燥を防いでください。P.40のスポンジがパサパサになってしまったら、フレンチトーストにするのがオススメ。レシピはP.128を参照してください。

食材別INDEX

撮　影　　三好宣弘（RELATION）
調理・フードスタイリング　井上裕美子（エーツー）
フードアシスタント　青木夕子（エーツー）
デザイン　五十嵐ユミ
ライター　明道聡子（リブラ舎）
イラスト　こいずみめい
校　正　　東京出版サービスセンター
編　集　　森 摩耶（ワニブックス）

もっと!! 魔法のてぬきおやつ

著　者　**てぬキッチン**

2021年2月14日　初版発行
2021年9月20日　5版発行

発行者　横内正昭
編集人　青柳有紀
発行所　株式会社ワニブックス
　　　　〒150-8482　東京都渋谷区恵比寿4-4-9　えびす大黒ビル
　　　　電話　03-5449-2711（代表）
　　　　　　　03-5449-2716（編集部）
ワニブックスHP　http://www.wani.co.jp/
WANI BOOKOUT　http://www.wanibookout.com/

印刷所　大日本印刷株式会社
製本所　ナショナル製本